もてなし、持ちよりに

パウンド型で作る
テリーヌ

若山曜子

JN093192

文化出版局

INTRODUCTION

子供の頃、ドイツ帰りのクラスメイトのお誕生日会で私の心をつかんだ、
つやつやとゼリーがけされたパウンドケーキのような物体。
切ると、色とりどりの野菜が現われてかわいらしく、なめらかで味はハムのよう。
「これなあに？」ときくと、友達のお母さんは「テリーヌよ」と教えてくれました。

「テリーヌ！ 外国の女の子の名前みたい！」
それがテリーヌと私の最初の出会いでした。

フランス留学中、テリーヌは私にとってぐっと身近なものになりました。
街中のシャルキュトリーでは、パテ・ド・カンパーニュ、テリーヌ・メゾンといった、
ミートローフのようなものが並び、気軽に買えます。
一方で大きなケーキ屋さんや、高級惣菜店には、パーティ用の華やかなテリーヌが。
よいお値段ですが、どちらも好きなだけ切り分けてもらえます。

レストランでは定番のデザート。テリーヌ・オ・ショコラや、果物の冷たいテリーヌ。
舌の上でとろける食感はおなかいっぱいでもすんなり食べられてしまうほど。
でも作り方は簡単だったので、私は厨房で率先して作っていました。
大きなお皿に一切れ。きちっと四角いテリーヌは、切りたての断面が美しく、
不器用な私が盛りつけても立派なレストランデザートに見え、
誇らしい気持ちになれたものです。

テリーヌとは、もとはテラコッタの器のことを指しますが、今や広く解釈され、
テリーヌ型で作られたものは何でもテリーヌ、だそう。
喉ごしのなめらかなものが私のイメージです。

この本ではテリーヌ型のイメージに近い、パウンド型を使ってアレンジしました。
事前に作っておけるので、おもてなしにぴったり、
型ごと持参すれば、「すごい！」と歓声が上がる、私のとっておきメニューです。

でも、実は作るのはそれほど難しくありません。
デザートテリーヌはほぼ混ぜるだけ。
甘くないテリーヌは手間はちょっとかかるけれど、工作に近い気がします。
でき上がりの見た目を想像して材料を組み合わせるのも楽しいし、
何よりも型から出して、切るときのワクワク感といったら。

毎回、子供のときのお誕生日会を思い出して、ワクワク胸が高鳴る私です。

若山曜子

CONTENTS

TERRINE DE
FROMAGE
チーズのテリーヌ

TERRINE DE
CHOCOLAT
チョコレートのテリーヌ

TERRINE DE
FRUITS
フルーツのテリーヌ

TERRINE DE
*L*EGUMES
野菜のテリーヌ

p.44 じゃがいもときのこのテリーヌ
じゃがいもとベーコンのテリーヌ

p.48 サラダニソワーズのテリーヌ

p.50 カリフラワーとにんじんのテリーヌ

p.52 野菜3種とブルーチーズのテリーヌ

p.54 栗とさつまいものテリーヌ

TERRINE DE
*V*IANDES
肉のテリーヌ

p.58 テリーヌ・ド・カンパーニュ

p.62 ハムとりんごのテリーヌ

p.64 鶏肉の中華風テリーヌ

TERRINE DE
*F*RUITS DE MER
魚介のテリーヌ

p.66 サーモンとアスパラガスのテリーヌ

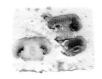

p.66 帆立ときのこのテリーヌ

p.70 えびとグレープフルーツのテリーヌ

COLUMN 断面プレミアム

p.32
杏仁風味の
モザイクテリーヌ

p.56
パプリカの
マーブルテリーヌ

テリーヌ、4つの

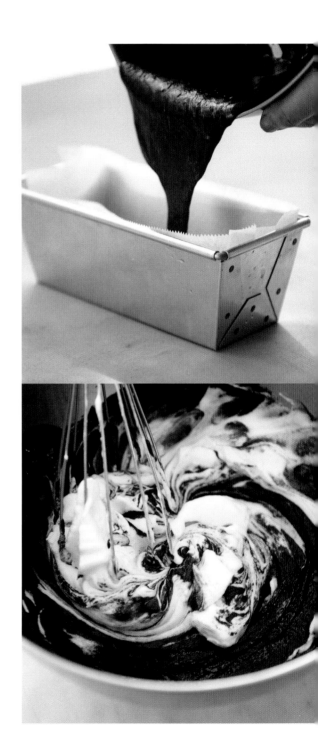

Point.1
パウンド型1つで
作れます

テリーヌとはフランス料理の1つで、本来は鋳物や
陶器などのふたつき容器のこと。その容器に具材を
入れて、オーブンで焼いたり、ゼラチンで冷やし固
めたりする料理もテリーヌと呼びます。本書のテ
リーヌは、手に入りやすく、もっともスタンダード
な大きさのパウンド型で作れるレシピで紹介して
います。チーズやチョコレートなどを使った「デザー
トテリーヌ」から、肉や野菜などの「前菜テリーヌ」
まで、すべてパウンド型1つで作れます。

Point.2
作り方はいたって
シンプルです

難しそうなイメージのテリーヌですが、実は家庭で
も手軽に作れます。たとえば伝統的なレシピでは豚
の網脂などを使いますが、手に入りやすい材料で、
簡単に本格派の味を再現しました。特にチョコレー
トやチーズの甘いテリーヌは、材料を順に混ぜるだ
けのシンプルレシピ。ハードルが高そうな肉や魚介
のテリーヌも、具材の下ごしらえをきちんとすれば、
テクニック的に難しい工程はありません。

おすすめポイント

Point.3

断面に美しい
デザインが描かれます

生地と生地の間に具材をサンドしたり、色とりどり
の野菜やフルーツをゼラチンで固めた透明感のあ
るテリーヌ。カットした断面のビジュアルに思わず
歓声が上がる料理の代表格です。カットしたときの
断面を予想しながら具材を重ねたり、並べたりとひ
と工夫するだけでインパクト大の美しい仕上がり
に。フォトジェニックな一品としてもおすすめです。

Point.4

ホームパーティや
持ちよりで活躍します

見た目が美しいテリーヌは、おもてなしにぴったり。
テーブルを華やかに彩ってくれるので、ホームパー
ティやお持ちよりの一品として大活躍します。お酒
に合う前菜として、また締めのデザートとして登場
させると、喜ばれること請け合い。ほとんどのテリー
ヌは冷蔵庫で冷やす時間が必要なので、前日に作っ
ておけば当日は切るだけ、と準備も完璧。イベント
などの機会にぜひ手作りしてみましょう。

本書のテリーヌは<u>パウンド型</u>で作れます

テリーヌは本来テリーヌ型と呼ばれる専用のふたつきの容器で作りますが、
本書では下記の2つのタイプのパウンド型で作りました。
容量を記載しましたので、お手持ちの型や好きなサイズでアレンジしてください。

＊型のサイズは内寸です。

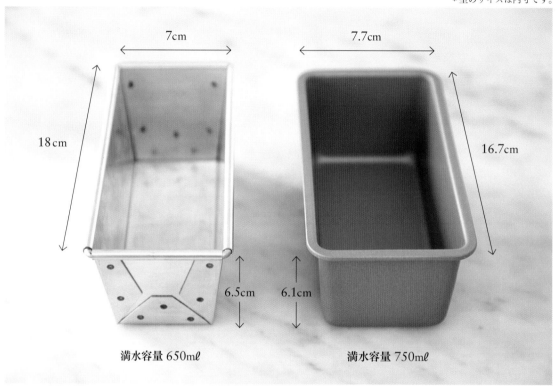

満水容量 650mℓ　　　　　　　満水容量 750mℓ

18cmパウンド型

厚みのあるブリキ板にサビ防止加工がされた、しっかりした作りのパウンド型。熱が均一に伝わり、側面や底面ともきれいな焼き色になるので、焼くタイプのテリーヌにおすすめ。シリコン加工のため、型離れがよく、エッジがきれいで高さのある仕上がりが魅力です。

製造元：松永製作所／販売元：cotta
https://www.cotta.jp/
コールセンター　0570-007-523
　　　　　　　　（ナビダイヤル：有料）
（受付時間 9:00 〜 12:00 / 13:00 〜 17:00
※日曜・祝日を除く）

スリムパウンド型

やや細身の型でスタイリッシュに焼き上がります。鉄にフッ素樹脂塗膜加工を施しているため、こびりつきにくく、お手入れも簡単。一体型なので液もれがなく、特にゼリー系テリーヌ作りに向いています。

＊レシピ中には型の大きさを約17×8×高さ6cmのパウンド型と表記しています。

貝印株式会社
https://www.kai-group.com
お客様相談室　0120-016-410
（受付時間 9:00 〜 12:00 / 13:00 〜 17:00
※土曜・日曜・祝日を除く）

テリーヌ作りに必要な道具

テリーヌ作りの道具は、お菓子作りに使う基本的な道具で大丈夫、
特別なものは必要ありません。

1. バット

テリーヌをオーブンで湯せん
焼きにするときに天板の上に
置いて、お湯を注いで使いま
す。手持ちの型やオーブンの
大きさに合わせて、深さがある
耐熱製を選んで。

2. ボウル

テリーヌの生地を混ぜ合わせ
たり、ゼラチン液を作るときに
使用。少し大きめの直径24cm
ほどのステンレス製または耐
熱ガラス製がおすすめ。

3. ラップ・オーブンシート・
アルミホイル

ラップはテリーヌを冷蔵庫で
保存するときに乾燥しないよ
うにかけます。オーブンシート
は型に敷いて使う下準備の必
須アイテム。アルミホイルは型
の底や、重しに直接触れない
ように巻いて使用。

4. パン切りナイフ

オーブンで焼いたテリーヌは
包丁やケーキナイフでカット
しましょう。くずれやすいゼラ
チンで固めたテリーヌの場合
は、パン切りナイフなどの波刃
を使うときれいにカットできま
す。

5. パレットナイフ

型からテリーヌを取り出すと
きや型に入れた生地をならす
ときに使用します。

6. ゴムべら

生地をさっくり混ぜるときや、
ゼラチンを加えて混ぜる、型に
詰めるときなどに使います。継
ぎ目のない柄まで一体化した
耐熱シリコン製がおすすめ。

7. 泡立て器

デザートテリーヌを混ぜると
きや生クリームの泡立てなど
に。長さが30cmほどのものが
力が入りやすいもの。柄のしっ
かりした握りやすいものを選
びましょう。

8. ハンドブレンダー

テリーヌの生地作りに、材料を
細かくしたり、ペースト状になめ
らかにするときに使います。
本書ではハンドブレンダーを
使いましたが、フードプロセッ
サーでも代用できます。

おいしく作る＆食べるための
テリーヌABC

テリーヌは混ぜて焼く、混ぜて固めるといったシンプルな作り方が基本です。
おいしいテリーヌ作り＆食べるための
知っておきたい準備やコツなどをご紹介します。

1. 型の準備

型にオーブンシートを当てて折り目を
つけます。写真のように、はさみで上
下4か所に折り目よりやや深めに切り
込みを入れ、型に敷き込みます。

ゼラチンで固めるタイプのテリーヌは、
型の長辺の側面と底面をおおうように
オーブンシートを敷きます。取り出すと
きは型の底をさっと温めてシートを持
ち上げます。

液もれするパウンド型の場
合はアルミホイルを底に巻
いてカバーします。冷たいゼ
リー系テリーヌには型の外
側にラップをぴっちり巻き
ましょう。

2. 具材の水気を拭く

テリーヌ作りでは具材の水分は禁物。
形くずれ、固まらないなど失敗の原因
に。ゆでた具材はペーパータオルなど
ではさんで水気をしっかり拭き取りま
しょう。

3. 空気を抜く

テリーヌの生地に空気が入ると、形が
くずれやすくなります。型に生地を詰
めるときはゴムべらで押さえて空気が
入らないようにし、最後台に型を2～
3回打ちつけて空気抜きを。オーブン
で焼く肉や魚のテリーヌに。

4. 湯せん焼きにする

型をペーパータオルを敷いたバットに
置き、型の底から約3cm高さまで熱湯
を注ぎます。天板にのせ、指定時間オー
ブンで焼きます。重くなるので、天板
をオーブンにセットしてから熱湯を注
ぐとよいでしょう。

5. 焼き上がりの確認

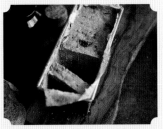

オーブンで焼く肉や魚介のテリーヌは、焼き上がりを温度を計って確認を。デジタル温度計がなければ、中心に金串を刺して5秒ほどおいてから引き抜きます。金串を唇に当てて熱さ（約65℃）が感じられればOK。

6. ふくらみを押さえる

メレンゲが入ったり、ハンドブレンダーでペースト状にした生地のテリーヌは、空気を含んで焼き上がりがふくらみやすいもの。すぐにオーブンシートやアルミホイルをかぶせて手で押さえると、表面が平らになります。

7. 粗熱を取る

オーブンで焼くデザートテリーヌは、焼き上がったら型ごとケーキクーラーにのせて、粗熱を取りましょう。手で触ってほんのり温かい状態まで冷めればOK。

8. 重しをする

焼き上がった肉や魚介のテリーヌは、中の生地と同じ重量程度の重しをのせましょう。重しをすることで生地が程よくしまり、食感よく仕上がります。重しは水を入れたペットボトルや缶詰などで工夫して。

9. 型から取り出す

テリーヌを型から取り出すときは、オーブンシートと型の間にパレットナイフを差し込んで。特にゼラチンで固めるタイプのテリーヌは型の底をお湯でさっと温めてから、パレットナイフを差し込みます。

10. 表面をならす

仕上がりにオーブンシートの跡がついていたら、お湯で温めたパレットナイフを表面や側面に当てて平らにならすように化粧直しを。

11. きれいにカットする

［デザートテリーヌ、前菜テリーヌ］
1　ケーキナイフまたは包丁を熱めのお湯で温め、1回ナイフを入れるたびに刃についた生地をきれいに拭き取ります。

2　再度温めてナイフを入れるを繰り返し、カットします。

［ゼラチンで固めるタイプのテリーヌ］
アルミホイルを表面にかぶせ、波刃のパン切り包丁で切ると形がくずれにくいもの。前後に引くように切るのがコツ。

TERRINE DE FROMAGE

チーズのテリーヌ

バスク風チーズテリーヌ

Terrine façon Gâteau au fromage basque

表面を黒く焦がした香ばしい風味と、
とろける口当たりの対比が人気のバスク風チーズテリーヌ。
難しそうに見えますが、ワンボウルで次々に材料を混ぜるだけ。
ブリキ型で作ると高さが出て中がクリーミーに仕上がります。

バスク風チーズテリーヌ

Terrine façon Gâteau au fromage basque

■ ■ ■ ■ 保存：冷蔵で4日

材料（18×7×高さ6.5cmのパウンド型1台分）

クリームチーズ　200g

グラニュー糖　70g

卵　2個（100g）

生クリーム　200mℓ

ヨーグルト（無糖）　60g

　（またはギリシャヨーグルト30g）

レモン汁　小さじ1

コーンスターチまたは薄力粉　10g

下準備

・クリームチーズは電子レンジで40秒ほど加熱
　する。

・ヨーグルトはペーパータオルを敷いたざるにの
　せ、半量になるまで30分～1時間水きりする。

・30cm角にオーブンシートを切り、丸めて軽く
　水でぬらし、水気を拭いて型の角に沿わせるよ
　うに敷く（a）。オーブンシートは型の縁の高さ
　より長めに立てる。

・オーブンは230℃に予熱する。

作り方

1. ボウルにクリームチーズとグラニュー糖を入れ、
　泡立て器でなめらかになるまで混ぜる（b）。

2. 1に溶き卵を2～3回に分けて加え、そのつど
　空気を入れないように、すり混ぜる（c）。続い
　て生クリーム、水きりヨーグルト（d）、レモン
　汁を加えて混ぜる。

3. コーンスターチをふるいながら加え、全体が均
　一になるまでしっかり混ぜる（e）。

4. 型に3の生地を流し入れ（f）、230℃のオーブ
　ンで表面が焦げ茶色からやや黒っぽくなるま
　で、約30分焼く。粗熱が取れたらラップをして、
　冷蔵庫で3時間～一晩冷やす。

レモンカードのチーズテリーヌ

Terrine de fromage à la crème de citron

イギリスの伝統的なスプレッド、レモンカードがアクセントのテリーヌ。
レモンの皮のすりおろしも加えたダブル使いで、さわやかな風味を満喫。
なめらかな口当たりで、新感覚のおいしさが口の中で広がります。

■■■ 保存：冷蔵で4日

材料 （約17×8×高さ6cmのパウンド型1台分）

クリームチーズ　200g
グラニュー糖　60g
マスカルポーネチーズ　100g
サワークリーム　90g
卵　2個
コーンスターチ　15g
レモンの皮のすりおろし　1/3個分
　⇒レモンは国産、無農薬のもので。

[レモンカード]でき上がり約150ml
　⇒でき上がりの半量を使用したが、
　　全量加えてもレモンの風味が強くておいしい。

卵　1個
グラニュー糖　50g
レモン汁　50ml （約1 1/2個分）
レモンの皮のすりおろし　1個分
バター　40g

下準備

・クリームチーズは電子レンジで40秒ほど加熱する。
・レモンカードのバターは電子レンジで溶かす。
・型にオーブンシートを敷く。（p.10-A 参照）
・オーブンは170℃に予熱する。

作り方

1. レモンカードを作る。鍋またはボウルに卵を溶きほぐし、グラニュー糖を一度に加え、泡立て器でよく混ぜる。レモン汁、レモンの皮のすりおろし、溶かしバターを加え、さっと混ぜる。

2. 1を湯せんにかけ、弱火でゴムべらで混ぜながら5分ほど煮る。もったりとすればOK（a）。目の粗いざるでバットにこし、粗熱を取る。冷蔵庫で冷やしておく

3. ボウルにクリームチーズとグラニュー糖を入れ、泡立て器でなめらかになるまで混ぜ、マスカルポーネ、サワークリームを加えてさらに混ぜる。

4. 溶き卵を2〜3回に分けて加え、そのつど混ぜる。コーンスターチをふるいながら加え、レモンの皮のすりおろしを入れて（b）、全体が均一になるようにしっかり混ぜる。

5. 4の生地を型に流し入れ、表面にレモンカードをスプーンで落とす（c）。

6. 170℃のオーブンで20分、160℃に下げて20分、湯せん焼きにする（p.10 参照）。粗熱が取れたら、冷蔵庫で3時間〜一晩冷やす。

a　　　　　　　　　　b　　　　　　　　　　c

カマンベール
チーズテリーヌ

Terrine au camembert

カマンベールチーズを生地とトッピングの2つで
プラスした濃厚なテリーヌ。
上に散らしたくるみの食感がアクセント。
甘さ控えめなので、はちみつをたらりとかけても。

ラズベリーと
ライムのチーズテリーヌ

Terrine de fromage aux framboises

チーズ生地に甘酸っぱいラズベリーを
サンドしたテリーヌは、ライムが隠し味。
すっきり、さわやかに仕上がります。

18

カマンベールチーズテリーヌ

■▮▯ 保存：冷蔵で4日

材料 （約17×8×高さ6cmのパウンド型1台分）

クリームチーズ　200g

カマンベールチーズ　1個（100〜120g）

A ┃ サワークリーム　90g
　┃ グラニュー糖　65g

卵　2個

生クリーム　50㎖

コーンスターチ　15g

むきぐるみ　20g

下準備

① 型にオーブンシートを敷く。（p.10-A 参照）

② オーブンは170℃に予熱する。

③ カマンベールチーズは一口大に切る。

作り方

1. ボウルにクリームチーズと50gのカマンベールチーズを入れ、電子レンジで40秒ほど加熱する。泡立て器でなめらかになるまで混ぜ、**A**を加えてすり混ぜる。

2. 溶き卵を2〜3回に分けて加え（**a**）、そのつどなめらかになるまで混ぜる。続いて生クリームを加えて混ぜる（**b**）。コーンスターチをふるいながら加え、全体が均一になるまで混ぜる。

3. 型に**2**の生地を流し入れ、残りのカマンベールチーズをちぎってのせる。170℃のオーブンで5分、上にくるみをのせて（**c**）15分、160℃に下げてさらに20分湯せん焼きにする（p.10 参照）。粗熱が取れたら、冷蔵庫で3時間〜一晩冷やす。

a　　b　　c　　d

ラズベリーとライムのチーズテリーヌ

■▮▯ 保存：冷蔵で3日

材料 （約17×8×高さ6cmのパウンド型1台分）

クリームチーズ　200g

サワークリーム　90g

グラニュー糖　50g

┃ 生クリーム　50㎖
┃ ホワイトチョコレート　40g

卵　2個

コーンスターチ　10g

ライムまたはレモンの皮のすりおろし　½個分

ライム汁またはレモン汁　大さじ½

冷凍ラズベリー　80g

下準備

・上記の①〜②まで同様にする。

・クリームチーズは電子レンジで40秒ほど加熱する。

・ホワイトチョコレートは刻む。

作り方

1. ボウルにクリームチーズとサワークリームを入れ、泡立て器でなめらかになるまで混ぜ、グラニュー糖を加えてすり混ぜる。

2. 沸騰直前まで温めた生クリームにホワイトチョコレートを加えて溶かし、**1**に加え混ぜる。

3. **2**に溶き卵を少しずつ加えて、なめらかになるまで混ぜる。コーンスターチをふるいながら加え、ライムの皮のすりおろしと果汁を加え、全体が均一になるまでしっかり混ぜる。

4. 型に**3**を半量流し入れて、ラズベリーを半量並べる。残りの生地を入れ、表面に残りのラズベリーをのせて生地に押し込む（**d**）。

5. 170℃のオーブンで約40分湯せん焼きにする（p.10 参照）。粗熱が取れたら、冷蔵庫で3時間〜一晩冷やす。

ブルーベリーレアチーズテリーヌ
マンゴーレアチーズテリーヌ

Terrine au fromage frais aux myrtilles

Terrine au fromage frais aux mangues

クリームチーズと名コンビのブルーベリーや甘酸っぱいマンゴーの芳醇な香りの
レアチーズテリーヌ2種。ボトムも砕いたクッキーを敷くだけと、簡単。
ブルーベリージャムや冷凍マンゴーでいつでも手軽に作れるのが魅力です。

ブルーベリーレアチーズテリーヌ

材料（約17×8×高さ6cmのパウンド型1台分）

クリームチーズ　200g
グラニュー糖　70g
ヨーグルト（無糖）　200g
生クリーム　150㎖
レモン汁　大さじ1
│ 粉ゼラチン　7g
│ 水　大さじ2
ブルーベリージャム　50g
グラハムクッキー　30g

下準備

① クリームチーズは電子レンジで40秒ほど加熱する。
② 粉ゼラチンは分量の水にふり入れてふやかす。
③ 型にオーブンシートを敷く。（p.10-A 参照）
④ ブルーベリージャムにレモン汁小さじ½（分量外）を入れて混ぜる。

作り方

1. ボウルにクリームチーズを入れ、泡立て器でなめらかになるまで混ぜ、グラニュー糖を加えてよくすり混ぜる。ヨーグルトを加えてさらに混ぜる。

2. 生クリーム50㎖を電子レンジで30秒ほど加熱し、ふやかしたゼラチンを加えてよく溶かす。

3. 2を1に加え、泡立て器でしっかり混ぜる。次に残りの生クリーム、レモン汁を加えてさらに混ぜる。

4. 型に3の生地の半量を流し入れる。スプーンでジャムをところどころに置き、箸などで軽くなぞって散らす（a）。残りの生地を流し入れ、冷蔵庫に15分ほど入れる。

5. 厚手のポリ袋にグラハムクッキーを入れ、麺棒で細かく砕く。4の表面に散らしてやさしく押さえ（b）、冷蔵庫で3時間以上冷やし固める。

マンゴーレアチーズテリーヌ

材料（約17×8×高さ6cmのパウンド型1台分）

クリームチーズ　200g
グラニュー糖　70g
ヨーグルト（無糖）　200g
A │ ドライマンゴー　70g
　 │ 冷凍マンゴー　70g
生クリームまたは牛乳　50㎖
レモン汁　大さじ1
│ 粉ゼラチン　7g
│ 水　大さじ2
冷凍マンゴー　50g
グラハムクッキー　30g

下準備

・上記の①〜③まで同様にする。
・Aのドライマンゴーは2cm角に切り、ヨーグルト100gに加えて一晩以上漬ける。

作り方

1. マンゴーヨーグルトを作る。下準備したAのドライマンゴーと冷凍マンゴーを合わせてハンドブレンダーでピューレ状にする。

2. 上記の作り方1と同様に作り、ヨーグルトをマンゴーヨーグルトに替えて混ぜる。

3. 上記の作り方2と同様に作る。

4. 3を2に加え（c）、泡立て器でしっかり混ぜる。次に残りのヨーグルト、レモン汁を加えてさらに混ぜる。

5. 型に4の生地の半量を流し入れる。2cm角にカットした冷凍マンゴーを散らし（d）、残りの生地を流し入れる。冷蔵庫に15分ほど入れる。

6. 上記の作り方5と同様に作る。

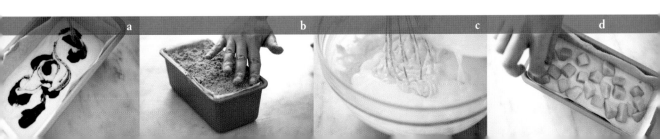

a　b　c　d

TERRINE DE CHOCOLAT

チョコレートのテリーヌ

チョコレートテリーヌ(左)
チョコレートとバナナのテリーヌ(右)

Terrine au chocolat
Terrine Choco-bananes

ビターで濃厚な味わいのチョコレートテリーヌは、歓声の上がる持ちよりデザート。
アレンジは、カラメリゼしたバナナをサンドして、甘い風味とよりねっとりした食感に。
どちらもじっくり蒸し焼きにして充分に冷やし、薄くカットして楽しみましょう。

チョコレートテリーヌ

Terrine au chocolat

■ ▦ ▦　保存：冷蔵で4日

材料 （約17×8×高さ6cmのパウンド型1台分）

製菓用チョコレート

　（ビター・カカオ分60%以上）　150g

　⇒ヴァローナ社のカカオ分70%のグアナラを使用。

バター　120g

卵　3個

グラニュー糖　100g

ラム酒　大さじ1

ココアパウダー　適量

下準備

・チョコレートは細かく刻む。

・バターは一口大に切る。

・型にオーブンシートを敷く。（p.10-A 参照）

・オーブンは180℃に予熱する。

作り方

1. ボウルにチョコレートとバターを入れ、湯せんにかける。ゴムべらで混ぜ、チョコレートとバターが溶けてなじんだら、ボウルを湯せんからはずす。

2. 別のボウルに卵を溶きほぐし、グラニュー糖を加えて(a)泡立て器でよく混ぜる。湯せんにかけ、卵液が人肌くらいになるまで温めて(b)湯せんからはずす。

3. 1に2を5～6回くらいに分けて少しずつ加え、そのつど泡立て器でよく混ぜる(c)。最後にラム酒を加えて混ぜる。全体につやが出て、もったりとしたらOK。

4. 3を型に流し入れ(d)、表面を平らにならす。180℃のオーブンで約30分湯せん焼きにする（p.10 参照）。表面を触っても生地が手につかなくなったら焼き上がり。冷蔵庫で8時間以上冷やし、仕上げにココアパウダーをふる。

Memo

軽く重しをして粗熱が取れるまで冷ますと、
表面が平らになる。

チョコレートとバナナのテリーヌ

Terrine Choco-bananes

保存：冷蔵で3日

【材料】（約17×8×高さ6cmのパウンド型1台分）

製菓用チョコレート
（ビター・カカオ分60%以上）　150g
⇒ヴァローナ社のカカオ分70%のグアナラを使用。

バター　120g

卵　3個

グラニュー糖　100g

ラム酒　大さじ1

| バナナ（小）　2本（180g）
| バター　5g
| グラニュー糖　大さじ1
| ラム酒　大さじ1

ココアパウダー　適量

【下準備】

・チョコレートは細かく刻む。

・バターは一口大に切る。

・型にオーブンシートを敷く。（p.10-A参照）

・オーブンは180℃に予熱する。

【作り方】

1. バナナのカラメリゼを作る。フライパンにバ
ター、グラニュー糖を入れて中火にかけ、焦げ
茶色になるまで加熱する。

2. 皮をむいたバナナを入れ、カラメルがまんべん
なくからむようにソテーし、ラム酒をふる（e）。

3. 2の粗熱が取れたら、バナナを3等分に切る。
そのうち30gはフライパンに残ったカラメルと
ともに包丁でたたくか、ハンドブレンダーにか
けてペースト状にしておく。

4. チョコレートテリーヌの作り方1と同様に湯せ
んからはずし、3のバナナのカラメリゼのペー
ストを加える。

5. チョコレートテリーヌの2、3と同様に作る。

6. 5を型に半分くらい流し入れ、バナナのカラメ
リゼを均等に入れる（f）。残りの生地を流し入
れ、表面を平らにならす。

7. チョコレートテリーヌの4と同様に焼いて冷や
す。仕上げにココアパウダーをふる。

d　　　　　　　　　　　e　　　　　　　　　　　f

ホワイトチョコとラズベリーのテリーヌ

Terrine au chocolat blanc et aux framboises

ホワイトチョコと甘酸っぱいラズベリーは鉄板の組み合わせ。
淡いパステルピンクが美しい、クリーミーな口当たりのテリーヌです。
材料さえ準備すれば、あとは混ぜるだけと初心者の人でも気軽にトライできます。

保存：冷蔵で4日

材料（18×7×高さ6.5cmのパウンド型1台分）

ホワイトチョコレート　180g

ラズベリーピューレ（冷凍）　80g

卵黄　3個分

バター　50g

卵白　3個分

グラニュー糖　大さじ1

薄力粉　10g

レモン汁　小さじ1

下準備

・バターは電子レンジで溶かす。

・型にオーブンシートを敷く。（p.10-A 参照）

・パウンド型に水を入れてもれるようなら、型の
　底をアルミホイルでおおう。

・オーブンは160℃に予熱する。

作り方

1. ボウルにホワイトチョコレートとラズベリーピューレを入れ、湯せんにかけてゴムべらでゆっくりとチョコレートを溶かす(a)。卵黄を加えて混ぜる(b)。

2. 1に溶かしバターを3回くらいに分けて加え、そのつどゴムべらでしっかり混ぜる(c)。少し白っぽくとろっとした状態になればOK。

3. 別のボウルに卵白とグラニュー糖を入れ、コシを切るように泡立て器で混ぜる。少しずつ2に加え、全体が均一になるまで混ぜ、薄力粉を加えて混ぜる。レモン汁を加えて混ぜる。

4. 3を型に流し入れ、表面を平らにならす。160℃のオーブンで約20分、上にアルミホイルをかけてさらに50分湯せん焼きにする(p.10参照)。

5. 型ごとケーキクーラーなどにのせ、オーブンシートをのせて平らになるように押さえる（p.11参照）。粗熱が取れたらラップをかけて、冷蔵庫で一晩冷やす。

a　　　b　　　c

抹茶のテリーヌ

Terrine au thé Matcha

抹茶のきれいな緑色に思わず目が引かれる、人気の和のテリーヌ。
持ちよりにもホームパーティにもおすすめのデザートです。
ねっとりと濃厚、リッチな味わいなので、薄く切って召し上がれ。

■ ▦ ▦ 保存：冷蔵で4日

材料 （約17×8×高さ6cmのパウンド型1台分）

ホワイトチョコレート　200g
生クリーム　100mℓ
バター　40g
抹茶　12g
卵　2個
卵黄　1個分
グラニュー糖　50g
デコレーション用抹茶　適量

下準備

・バターは一口大に切る。
・卵を溶き、グラニュー糖を混ぜる。
・型にオーブンシートを敷く。（p.10-A 参照）
・オーブンは150℃に予熱する。

作り方

1. ボウルにホワイトチョコレートを割り入れ、温めた生クリームを加えて、ゴムべらで混ぜて溶かす（a）。次にバターを加えて同様に溶かす。

2. 抹茶をふるいながら加えて泡立て器でしっかり混ぜる。さらにボウルを湯せんにかけて乳化させるように混ぜる。

3. 2に溶き卵を5〜6回に分けて加え、そのつど空気を含ませないようすり混ぜる（b）。

4. ざるでこして（c）、型に流し入れる。

5. 150℃のオーブンで50分〜1時間湯せん焼きにする（p.10 参照）。途中30分ほどしたら、表面にアルミホイルをかぶせて、焼き色がつくのを防ぐ。

6. 粗熱が取れたら表面にラップをぴったりと貼りつける。完全に冷めたら型ごと冷蔵庫に入れ、3時間〜一晩冷やす。仕上げに抹茶をふる。

a　　　　　b　　　　　c

ダブルチョコテリーヌ

Terrine double chocolat

グリオットをサンドし、黒い森のケーキ（フォレ・ノワール）をイメージしたテリーヌ。
1つの生地からふんわりムースとしっとりしたチョコレートケーキの2層に。
グリオットの代わりにマーマレードや金柑の甘煮、ラズベリーなどでもおいしいです。

材料 （約17×8×高さ6cmのパウンド型1台分）

製菓用チョコレート
　（ビター・カカオ分60%以上）　150g
　　⇒ヴァローナ社のカカオ分70%のグアナラを使用。
バター　80g
｜卵白　2個分
｜グラニュー糖　60g
卵黄　3個分
グリオットチェリーの洋酒漬け　12粒
　　⇒代わりにダークチェリーをキルシュに一晩漬けたものでも。
ホイップクリーム、グリオットチェリーの洋酒漬け、
　削りチョコレート　各適量

下準備

・チョコレートは細かく刻む。
・バターは一口大に切る。
・型にオーブンシートを敷く。（p.10-A 参照）
・オーブンは180℃に予熱する。

作り方

1. ボウルにチョコレートとバターを入れ、湯せんにかけて溶かし(**a**)、粗熱を取る。

2. 別のボウルに卵白を入れ、ハンドミキサーで泡立てはじめる。白っぽくをふんわりしてきたらグラニュー糖を3回に分けて加え、ピンと角が立つしっかりとしたメレンゲを作る。

3. 1に卵黄を加えてよく混ぜ、2のメレンゲの半量を入れて泡立て器でしっかりと混ぜる(**b**)。次に残りのメレンゲを加え、ゴムべらでさっくりと混ぜ合わせる(**c**)。

4. 3の生地を半分に分け、半量は冷蔵庫で冷やす。

5. 型に残りの生地を入れ、グリオットを並べる。180℃のオーブンに入れて約20分焼き、取り出して粗熱を取る。

6. 5が完全に冷めたら4で冷やしておいた生地を入れて(**d**)、表面を平らにならす。再び冷蔵庫で2時間以上冷やし固める。

7. 食べるときにホイップクリームの上にグリオットをのせ、削りチョコレートを散らしてデコレーションする。デコレーションせずに表面にココアパウダーをふるだけでもよい。

　a　　　　　　　　　　b　　　　　　　　　　c　　　　　　　　　　d

COLUMN

Terrine Mosaïque en gelée aux amandes

杏仁風味のモザイクテリーヌ

白い杏仁ゼリーの中に刻んだ3種のゼリーを加えて冷やし固めました。
まるで大理石のようなモザイク柄が、モダンな表情を演出します。
3種のゼリーを作る手間はかかりますが、テクニックいらずで簡単。

■■▨ 保存：冷蔵で2〜3日

材料 （約17×8×高さ6cmのパウンド型1台分）

［杏仁ゼリー］
　牛乳　200mℓ
　杏仁霜　大さじ1
　グラニュー糖　大さじ3
　水　100mℓ
　｜粉ゼラチン　10g
　｜水　大さじ3

［紅茶ゼリー］
　ティーバッグ（アールグレイ）　2個
　グラニュー糖　大さじ1
　｜粉ゼラチン　5g
　｜水　大さじ1½

［黒糖ゼリー］
　黒砂糖　50g
　｜粉ゼラチン　5g
　｜水　大さじ1½

［ウーロン茶ゼリー］
　ウーロン茶　150mℓ
　｜粉ゼラチン　5g
　｜水　大さじ1½

下準備

・4種のゼリーは粉ゼラチンをそれぞれの分量の水にふり入れてふやかす。
・型にオーブンシートを敷く。（p.10-A参照）

作り方

1. 紅茶ゼリーを作る。熱湯150mℓ（分量外）にティーバッグとグラニュー糖を入れ、紅茶が抽出されたらティーバッグを取り出し、ふやかしたゼラチンを加えて溶かす。保存容器に入れて冷蔵庫で冷やし固める。ウーロン茶ゼリーも同様に作る。
2. 黒糖ゼリーを作る。黒砂糖と水150mℓ（分量外）を鍋に入れ、中火にかけて溶かす。火を止め、ふやかしたゼラチンを入れて溶かし、保存容器に入れて冷蔵庫で冷やし固める。
3. 1と2が固まったら、それぞれ包丁で細かく刻む（a）。
4. 杏仁ゼリーを作る。小鍋に杏仁霜とグラニュー糖、分量の水を入れて泡立て器で混ぜながら火にかける。沸騰してとろりとしてきたら牛乳を加え、全体が温まったらふやかしたゼラチンを加えて溶かす。ボウルに移し、ボウルの底を氷水に当ててとろみがつくまで冷やす。
5. 4に3の刻んだゼリーを加えて（b）混ぜ、型に流し入れて冷蔵庫で4時間以上冷やし固める。

a　b

TERRINE DE *F*RUITS

フルーツのテリーヌ

赤のテリーヌ、緑のテリーヌ

Terrine aux fruits rouges, Terrine aux fruits verts

たっぷりフルーツをアガーやゼラチンで固めた、
さわやかで宝石箱のようなデザートテリーヌ。
インパクトのある表情に仕上げるには、
フルーツの水気をよく拭き取って型に詰めるのがコツ。
どちらもくずれやすいので、やさしくカットしましょう。

緑のテリーヌ（洋梨、キウイフルーツ、マスカット）

Terrine aux fruits verts

■■■□ 保存：冷蔵で4日

材料 （約17×8×高さ6cmのパウンド型1台分）

洋梨　1個

A｜水　300㎖
　｜白ワイン　100㎖
　｜グラニュー糖　50g
　｜ライム汁またはレモン汁　½個分

マスカット（種なし）　6粒

キウイフルーツ　½個

ライム（輪切り）　2〜3枚

ミント　適量

B｜アガー　10g
　｜グラニュー糖　20g

Memo

アガーは海藻やマメ科の種子が原料の凝固剤。
ゼラチンより早く固まり、透明度が高い。
常温でも溶けにくく、形くずれしにくい。
キウイフルーツはたんぱく質分解酵素を含むので、
ゼラチンではなく、アガーを使って固めて。

作り方

1. 洋梨は皮をむき、8等分にして芯を取る。マスカットは大きければ半分に切る。キウイフルーツは皮をむいて輪切りにする（a）。

2. 鍋にAを入れて一煮立ちしたら、洋梨を入れて紙ぶたをする。弱火で洋梨が少し透き通るまで5分ほど煮て、そのまま冷ます（b）。冷めたら洋梨とシロップに分ける。

3. 別の鍋にBを入れてよく混ぜ、2のシロップを少しずつ加えて泡立て器で混ぜる。火にかけてふつふつと沸騰したら、さらに1分しっかり加熱する（c）。

4. 型に3のアガー液を1cmほど入れ、洋梨、キウイフルーツ、マスカット、ミント、ライムをバランスを見ながら並べ入れる。そのつど、アガー液を流し入れ、同様にフルーツを並べる（d）。冷蔵庫で3時間以上冷やす。

a　　　b　　　c　　　d

赤のテリーヌ（オレンジ、グレープフルーツ、いちご）

Terrine aux fruits rouges

■■■ 保存：冷蔵で4日

材料（約17×8×高さ6cmのパウンド型1台分）

オレンジ　1個
グレープフルーツ（白、赤）　各1/2個
いちご　5〜6粒
ラズベリー（あれば）　5〜6粒

A｜水　300mℓ
　｜白ワイン　100mℓ
　｜グラニュー糖　70g

B｜はちみつ(好みで)　小さじ1
　｜レモン汁　小さじ1

　｜粉ゼラチン　10g
　｜水　大さじ3

下準備

・粉ゼラチンは分量の水にふり入れてふやかす。
・グレープフルーツ、オレンジは上下を切り落とし、皮を薄皮ごと厚めにむく。房の薄皮と果肉の間に包丁を入れ、ひと房ずつ果肉を取り出す。水気を拭く（e）。

作り方

1. いちごは縦2〜3mm厚さに切る。
2. 鍋にAを入れ、沸騰したらふやかしたゼラチンを加えて溶かす。Bを加えて混ぜる。鍋ごと氷水に当てて粗熱を取り、少しとろみがつくまで冷やす。大さじ2杯分取り分ける。
3. 型に2のゼリー液を少量流し、表面が固まるまで冷蔵庫に入れる。上にスライスしたいちごを隙間なく並べる。
4. 次にグレープフルーツ、オレンジ、ラズベリーを隙間を作らないように詰めながら、ゼリー液と交互に加えて全量流す。
5. 上にオーブンシートをのせ、軽く重しをして冷蔵庫で冷やす。固まったら取り分けた2のゼリー液を少し温めてかけ、表面をならす。さらに冷蔵庫で3時間以上冷やす。

e

洋梨のテリーヌ

Terrine façon poire Belle-Hélène

スライスした洋梨に卵生地をからめた、ガトー・インビジブル風テリーヌ。
洋梨の向きをそろえてていねいに重ねることが、きれいな層を作るコツ。
洋梨と相性抜群のチョコレートソースを添えると、リッチな味わいが倍増します。

Memo

［チョコレートソース］（作りやすい分量）
ボウルに板チョコレート40gを刻んで入れる。
牛乳大さじ2を電子レンジで30秒加熱して注ぎ、
混ぜながら溶かす。再度電子レンジで10秒加熱して混ぜる。
牛乳またはラム酒大さじ1を加えてのばす。

材料 （18×7×高さ6.5cmのパウンド型1台分）

洋梨　2個（約500g）
　⇒缶詰でもOK。汁気をよく拭いて使う。
卵　2個
グラニュー糖　50g
薄力粉　80g
バニラビーンズ（あれば）　1/3本
牛乳　70mℓ
バター　50g
チョコレートソース（あれば）　適量

下準備

・バニラビーンズは種子をしごき出す。
・バターは電子レンジで溶かす。
・型にオーブンシートを敷く。（p.10-A参照）
・パウンド型に水を入れてもれるようなら、型の
　底をアルミホイルでおおう。
・オーブンは170℃に予熱する。

作り方

1. ボウルに卵を溶きほぐし、グラニュー糖を加えて泡立て器ですり混ぜる。薄力粉をふるいながら加え（a）、バニラの種子を加えて混ぜ、続いて牛乳を少しずつ加えてそのつど混ぜる。溶かしバターを加えてさらに混ぜる。

2. 洋梨は縦4等分に切って芯を取る。皮をむき、あればスライサーでそれぞれ縦に2mm幅の薄切りにする。1の生地に加え、ゴムべらで底から混ぜながら（b）、生地を全体にざっとからめる。洋梨が割れないようにやさしく混ぜること。

3. 洋梨に生地をからめながら、型に横長の向きで少しずつ重ねていく（c）。ボウルに残った生地は、最後に上から流し入れる。

4. 170℃のオーブンで約50分焼く。粗熱が取れたら冷蔵庫で2時間以上冷やす。

5. 型から取り出し、あれば表面にチョコレートソースをかける。カットして器に盛り、チョコレートソースをデコレーションしても。

a　　　　　b　　　　　c

タルトタタン風テリーヌ

Terrine de pommes Tatin

甘酸っぱいりんごをしっかりカラメル色になるまで煮て敷きつめたテリーヌ。
冷凍パイシートを利用したボトムも、オーブンで同時に焼きましょう。
煮詰めてうまみが凝縮したりんごは後を引くおいしさです。

■■▮ 保存：冷蔵で4〜5日

材料 （18×7×高さ6.5cmのパウンド型1台分）

りんご（紅玉）　700g（4〜5個）
グラニュー糖　100g
バター　小さじ2
パイシート（冷凍）　18×6cm大1枚

下準備

・型にオーブンシートを敷く。（p.10-A参照）
・パウンド型に水を入れてもれるようなら、型の
　底をアルミホイルでおおう。
・オーブンは190℃に予熱する。

作り方

1. りんごは縦半分に切って皮と芯を取り、4等分
　か大きければ8等分に切る。

2. フライパンにグラニュー糖と水大さじ1（分量
　外）を加えて強火にかけ、砂糖のふちがカラメ
　ル色になってきたらりんごとバターを加える
　(a)。火を弱めて、りんごの表面が透き通って
　しんなりするまで炒める(b)。

3. 型に2のりんごを表面が平らになるように隙間
　なく敷き詰める。

4. パイシートはフォークで刺して空気穴をあけ、
　型の上面のサイズに合わせてカットする。バッ
　トにオーブンシートを敷いてパイを置き、その
　上にさらにシートをのせる。同じサイズのバッ
　トを重ねて重しにする(c)。

5. 3の型と4のバットを天板にのせ、190℃のオー
　ブンで約30分焼く。

6. 焼き上がったら型の上にオーブンシートをの
　せて、へらでしっかり平らになるまで押す。上
　に5のパイシートをのせ(d)、再び190℃のオー
　ブンで10分ほど焼く。粗熱が取れたら、冷蔵
　庫で1時間以上冷やす。食べるときに、好みで
　ホイップクリームを添える。

a　　　b　　　c　　　d

いちごのパルフェ風テリーヌ

Terrine aux fraises façon Parfait

いちごのピューレを使ったピンク色の生地に、断面のいちごのフォルムが愛らしい、
アイスクリーム感覚のフローズンテリーヌ。甘酸っぱさが口いっぱいに広がります。
パルフェとフレッシュな果肉で存分にいちごのおいしさが楽しめるテリーヌです。

■■▨▨ 保存：冷凍で1週間

材料 （約17×8×高さ6cmのパウンド型1台分）

いちご　100g

いちごピューレ（冷凍）　150g
　⇒生のいちごの場合は、
　同量にグラニュー糖小さじ2を加えてミキサーにかけ、
　ピューレ状にする。

生クリーム　150mℓ

グラニュー糖　30g

卵黄　1個分

はちみつ　大さじ1

レモン汁　大さじ½

カステラ（市販品）　適量

下準備

・型にオーブンシートを敷く。（p.10-A 参照）

作り方

1. パルフェを作る。ボウルに生クリームを入れ、グラニュー糖を加えてハンドミキサーまたは泡立て器で八分立てにする。

2. 別のボウルに卵黄とはちみつを入れ、湯せんにかけながら泡立て器で混ぜる（**a**）。

3. 卵黄が温まったら、湯せんからはずして、白っぽくマヨネーズ状になるまで泡立てる。

4. 1に3といちごピューレを加え（**b**）、泡立て器で全体が均一になるようにさっくりと混ぜ合わせる。レモン汁を加えてさらに混ぜる。

5. 型に4の生地を2cmほど流し入れ、残りの生地とともに冷凍庫に30分ほど入れる（**c**）。取り出して、いちごを先端がパウンド型の底を向くように並べる。残りの生地を流し入れ、3mm厚さに切ったカステラでおおう（**d**）。冷凍庫で2時間以上冷やす。

Memo

カステラは敷かなくてもOKだが、
カットや盛りつけがしやすいのでおすすめ。

a　b　c　d

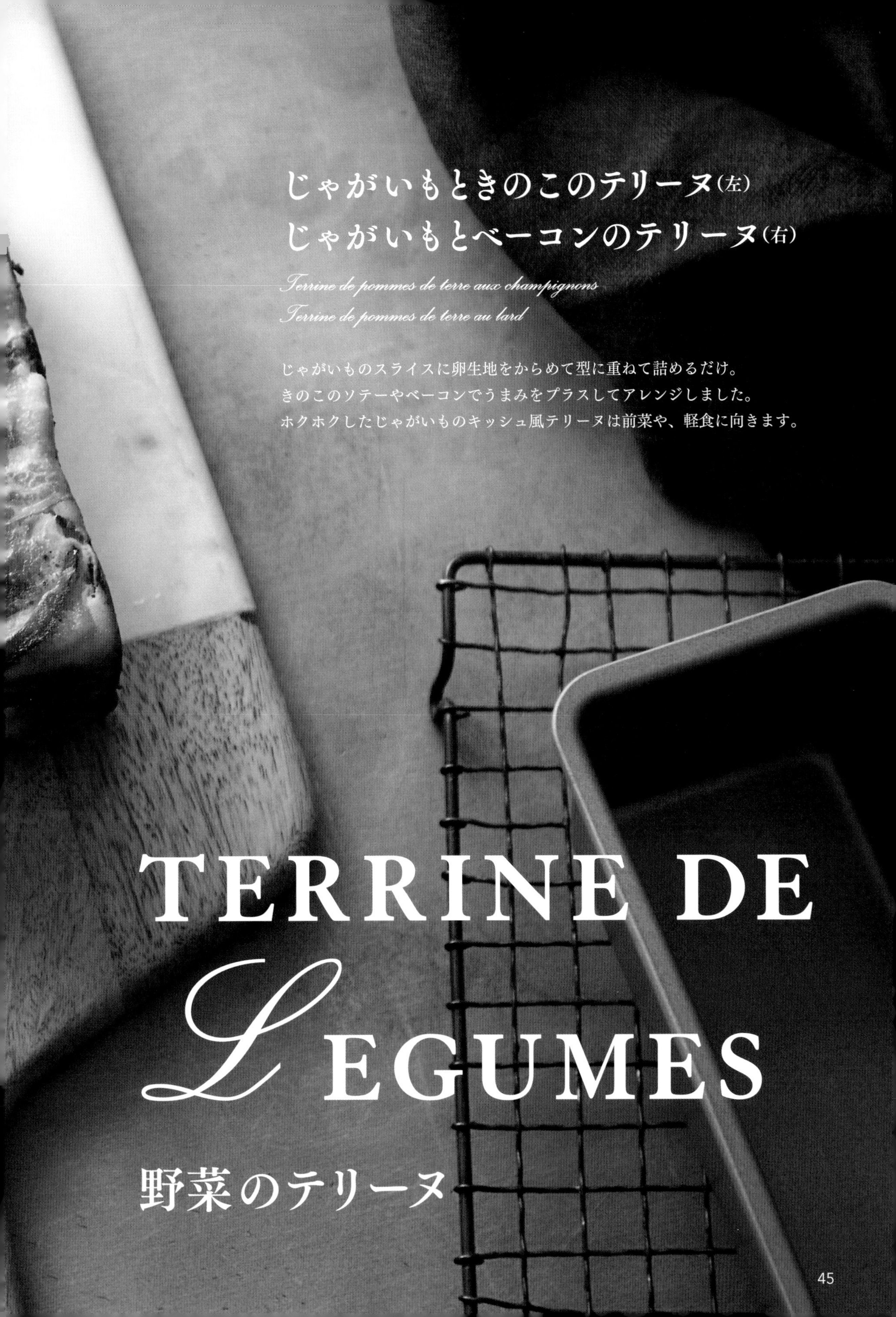

じゃがいもときのこのテリーヌ（左）

じゃがいもとベーコンのテリーヌ（右）

Terrine de pommes de terre aux champignons

Terrine de pommes de terre au lard

じゃがいものスライスに卵生地をからめて型に重ねて詰めるだけ。
きのこのソテーやベーコンでうまみをプラスしてアレンジしました。
ホクホクしたじゃがいものキッシュ風テリーヌは前菜や、軽食に向きます。

TERRINE DE
*L*EGUMES

野菜のテリーヌ

じゃがいもと
きのこのテリーヌ

Terrine de pommes de terre aux champignons

保存：冷蔵で4日

材料 （約17×8×高さ6cmのパウンド型1台分）

じゃがいも　3個（約450g）

［生地］

卵　1個

バター　10g

塩　小さじ1/3

牛乳　50mℓ

ピザ用チーズ　30g

きのこ（マッシュルーム、まいたけ、
　エリンギなどを合わせて）　300g

にんにく（みじん切り）　1/2かけ分

バター　大さじ1

塩　小さじ1/3

イタリアンパセリ（みじん切り）　小さじ1

下準備

・生地のバターは電子レンジで溶かす。

・型にオーブンシートを敷く。（p.10-A 参照）

・オーブンは170℃に予熱する。

作り方

1. きのこ類は粗みじん切りにする。フライパンにバターとにんにくを入れて中火にかけ、にんにくの香りが立ったら、きのこを加えて炒める。塩を加えてしんなりするまで炒め、イタリアンパセリを加えて混ぜておく。

2. じゃがいもは皮つきのままラップで包み、電子レンジで中心が少しかたい程度に4〜5分加熱する（a）。皮をむき、3mm幅の半月切りにする。

3. ボウルに卵を溶きほぐし、溶かしバター（b）、塩を加えて泡立て器でなじむまで混ぜる。牛乳を少しずつ加えてそのつど混ぜ、ピザ用チーズの半量を加えて混ぜる。

4. 3のボウルに粗熱を取った2を入れ、生地がじゃがいもにまんべんなくからむまで混ぜ合わせる（c）。

5. 型に4のじゃがいもの1/3量を再度生地をからめながら少しずつ重ねていく。1のきのこの半量を平らにのせる（d）。じゃがいも、きのこ、じゃがいもの順に重ねて、ボウルに残った生地を上から流し入れ、上に残りのチーズを散らす（e）。

6. 170℃のオーブンで50分ほど焼き、粗熱を取る。

a

b

c

じゃがいもと
ベーコンのテリーヌ

Terrine de pommes de terre au lard

保存：冷蔵で4日

【材料】（約17×8×高さ6cmのパウンド型1台分）

じゃがいも　3個（約450g）

［生地］

卵　1個

A｜バター　10g
　｜塩　小さじ⅓
　｜こしょう、ナツメグ（あれば）　各少々

牛乳　50mℓ

ピザ用チーズ　30g

ベーコン　4〜5枚

【下準備】

・バターは電子レンジで溶かす。
・オーブンは170℃に予熱する。

【作り方】

1. じゃがいもはじゃがいもときのこのテリーヌ2と同様に電子レンジで加熱して、半月切りにする。

2. ボウルに卵を溶きほぐし、Aを加えて泡立て器でなじむまで混ぜる。牛乳を少しずつ加えてそのつど混ぜ、ピザ用チーズの半量を加えて混ぜる。

3. 2のボウルに粗熱を取った1を入れ、生地がじゃがいもにまんべんなくからむまで混ぜ合わせる。

4. 型にベーコンを少しずつ重ねるように、側面に沿わせて並べる（f）。

5. 4の型に3のじゃがいもを再度生地をからめながら重ねていく。ボウルに残った生地を上から流し入れ、残りのピザ用チーズを散らす。生地を包むようにベーコンを両側から折り返す。

6. 170℃のオーブンで50分ほど焼き、粗熱を取る。

d　　　　　e　　　　　f

サラダニソワーズのテリーヌ

Terrine façon Salade niçoise

南仏プロヴァンスのおなじみ料理、サラダニソワーズ（ニース風サラダ）をイメージしたテリーヌ。
野菜やツナなどの具材は、水分や油分をきちんと拭き取るのが、きれいな仕上がりへの道。
サラダ菜で包んで表情に変化をつけた、テーブルが華やぐ一品です。

■■■　保存：冷蔵で4〜5日

材料 （約17×8×高さ6cmのパウンド型1台分）

サラダ菜　1個
ミニトマト（赤、黄、緑色を合わせて）　200g
ゆで卵　4個
ツナ（ソリッドタイプ）　1缶（70g）
白ワインビネガー　小さじ2
アンチョビ（粗みじん切り）　2枚
コンソメスープ　200mℓ
塩　小さじ1/3
|　粉ゼラチン　7g
|　水　大さじ1 1/2
バジル　適量

下準備

・粉ゼラチンは分量の水にふり入れてふやかす。

作り方

1. サラダ菜はさっと塩ゆでにし、ペーパータオルにはさんで水気を取る（**a**）。ゆで卵は両端の白身を黄身が少し見えるくらいに切る。ミニトマトはへたを取り、さっと熱湯に通して皮をむく（**b**）。ツナはよく油をきって、ビネガーをかけておく。

2. 鍋にコンソメスープと塩を入れ、沸騰したら火を止めてふやかしたゼラチンを加えて溶かす。ボウルに移し、ボウルの底を氷水に当てて、とろみがつくまで冷やす。

3. 型にサラダ菜の表を下にして、少しずつ重ねながら側面に沿わせるように敷く（**c**）。

4. 底面にツナを敷き、ゆで卵を交互に並べ（**d**）、間にトマトとバジルを入れる。具材を入れるたびにコンソメゼリー液を流し、アンチョビを散らす。

5. 型を台に軽く落として、表面にゼリー液を行き渡らせ、サラダ菜を折り返す。軽く手で押して表面を整え、冷蔵庫で4時間以上冷やす。

a　b　c　d

カリフラワーとにんじんのテリーヌ

Terrine de chou fleur et carottes

野菜本来の甘さがダイレクトに伝わる、白とオレンジの冷製テリーヌ。
クリーミーな2層のムースの間には、星形の切り口がかわいいオクラとベビーコーンをサンド。
2層の境界線がまっすぐにならなくてもOKなので、華やかで美しい断面も意外に簡単です。

材料（約17×8×高さ6cmのパウンド型1台分）

［カリフラワーのムース］

カリフラワー　250g

A｜ バター　5g
　｜ 水　50ml
　｜ 塩　小さじ1/3
　｜ ナツメグ　少々

生クリーム　100ml

　｜ 粉ゼラチン　10g
　｜ 水　大さじ3

［にんじんのムース］

にんじん　200g

B｜ ミニトマト　5〜6個
　｜ バター　5g
　｜ 砂糖　ひとつまみ
　｜ 塩　小さじ1/3
　｜ コリアンダー（パウダー）　小さじ1/4

生クリーム　100ml

　｜ 粉ゼラチン　10g
　｜ 水　大さじ3

ベビーコーン　8本

オクラ　1パック（7〜8本）

下準備

・型にオーブンシートを敷く。（p.10-B 参照）

・粉ゼラチンは分量の水にふり入れてふやかす。

作り方

1. ベビーコーンとオクラは食感が残る程度に塩ゆでし、冷水にとって水気を拭く。オクラは両端を切り、ベビーコーンは細い部分を切る（a）。

2. カリフラワーのムースを作る。カリフラワーは小房に分けて鍋に入れる。Aを加えてふたをし、弱火でやわらかくなるまで蒸し煮にして、ボウルに移す。

3. 生クリームは電子レンジで1分ほど加熱してふやかしたゼラチンを加えて溶かし、2に加えてハンドブレンダーでペースト状に攪拌する。

4. にんじんのムースを作る。にんじんは皮をむき、薄切りにして鍋に入れる。Bを加えてふたをし、弱火でやわらかくなるまで蒸し煮にして（b）、ボウルに移す。

5. 生クリームは3と同様に加熱してふやかしたゼラチンを加えて溶かし、4に加えてハンドブレンダーでペースト状に攪拌する（c）。

6. 型にまず、3のカリフラワーのムースを流す。冷蔵庫に入れ、15分ほどして表面が固まったらベビーコーンとオクラを交互に並べて軽く押す。上から5のにんじんのムースを流し（d）、型を台に軽く落として、表面を平らにならす。

7. 冷蔵庫に入れて3時間以上冷やし固める。

a　　　b　　　c　　　d

野菜3種とブルーチーズのテリーヌ

Terrine de trois légumes au bleu

個性的な風味のブルーチーズの生地によく合う、3つの野菜を重ねました。
ゼラチン液を型の隅々まで流すのが、きれいに仕上げるコツです。
食前酒やワインなどのお酒のおつまみにもおすすめの、大人のテリーヌです。

━━ ■■▮ 保存：冷蔵で4〜5日

材料 （約17×8×高さ6cmのパウンド型1台分）

かぼちゃ　200g
里いも　200g
さつまいも　200g
⇒市販の焼きいもまたは蒸したものを使う。
水洗いしたさつまいもをアルミホイルで包み、
予熱なしの180℃のオーブンで40〜50分焼いて手作りしても。

生クリーム　200mℓ
ブルーチーズ　100g
塩　ひとつまみ
┌ 粉ゼラチン　小さじ2（6g）
└ 水　大さじ2

下準備

・型にオーブンシートを敷く。（p.10·B 参照）
・粉ゼラチンは分量の水にふり入れてふやかす。

作り方

1. かぼちゃは皮つきのまま一口大に切り、ラップで包んで電子レンジで約3分加熱する。里いもは皮つきのままラップで包んで、2分30秒ほど加熱する。皮をむき、大きいものは半分に切る。さつまいもは皮をむき、ほかと大きさをそろえて切る（a）。

2. ボウルに生クリームと半量のブルーチーズ、塩を入れ、電子レンジで2分ほど加熱する。ふやかしたゼラチンを加えて溶かす（b）。

3. 2が熱いうちに残りのブルーチーズをちぎって加え混ぜる。

4. 型に3の生地を少量流し、少し固まったら1の3種の野菜をランダムに並べて詰めていく。合間合間に3の生地を流す（c）。

5. 型を台に軽く落として表面をならし、折り返したオーブンシートで表面をおおう。冷蔵庫に入れて3時間以上冷やし固める。

Memo
食べるときにナッツやドライフルーツを添えても。

a　b　c

栗とさつまいものテリーヌ

Terrine de marrons et patates douces

秋の味覚の栗をふんだんに使った贅沢なデザートテリーヌ。
生地に加える、焼いて甘みを増したさつまいもが味のまとめ役に。
しっとりとしたさつまいもと栗の風味が調和した一品です。

■▮▮ 保存：冷蔵で4〜5日

材料 （18×7×高さ6.5cmのパウンド型1台分）

マロンクリーム（缶詰）　250g

さつまいも　170g
　⇒市販の焼きいもまたは蒸したものを皮をむいて使う。
　水洗いしたさつまいもをアルミホイルで包み、
　予熱なしの180℃のオーブンで40〜50分焼いて手作りしても。

卵　2個

バター　60g

ラム酒　大さじ1

薄力粉　40g

栗の渋皮煮（市販品）　小4〜5個
　⇒なければ焼き甘栗でも。

下準備

・バターは電子レンジで溶かす。
・型にオーブンシートを敷く。（p.10-A参照）
・パウンド型に水を入れてもれるようなら、型の底を
　アルミホイルでおおう。
・オーブンは160℃に予熱する。

作り方

1. ボウルにマロンクリームとさつまいもを入れ、ハンドブレンダーでつぶしてペースト状にする。卵を1個ずつ割り入れて泡立て器で混ぜ、溶かしバター、ラム酒を加えて泡立て器で混ぜる。

2. 薄力粉をふるい入れ（**a**）、さっくりと混ぜる。

3. 型に2の生地の半量を流し込み、栗の渋皮煮を並べる（**b**）。渋皮煮は端を5mmほど残して、ぎゅうぎゅうに詰めると、カットしたときにきれいな断面に。

4. 残りの生地を入れ、型を10cmほど上から2〜3回落として、中の空気を抜く。

5. 160℃のオーブンで約1時間、湯せん焼きにする（p.10参照）。粗熱が取れるまで軽めの重しをする（p.11参照）。重しをはずし、冷蔵庫で2時間以上冷やす。

Memo

栗を加工し、糖分とバニラで味を
ととのえた、なめらかなマロンクリーム。
写真はフランスのサバトン社のもの。

COLUMN

Terrine marbré aux poivrons

パプリカのマーブルテリーヌ

焼いたパプリカの甘みを生かしてピューレ状にした生地に、
生クリームを流して冷やし固めた、テーブルが華やぐ紅白のテリーヌです。
きれいなマーブル柄を作るには、混ぜすぎないのがコツ。

■■■ 保存：冷蔵で1週間

材料 （約17×8×高さ6cmのパウンド型1台分）

赤パプリカ　3個（正味250g）
トマトジュース（無塩）　約100mℓ
塩　小さじ⅓
A｜粉ゼラチン　大さじ2⅓
　｜水　100mℓ
生クリーム　60mℓ
サワークリーム　60g
B｜粉ゼラチン　小さじ½
　｜水　大さじ2

下準備

・粉ゼラチンA、Bはそれぞれの分量の水にふり入
　れてふやかす。
・型にオーブンシートを敷く。（p.10-B参照）

作り方

1. 天板にアルミホイルを敷き、パプリカをのせ
　てオリーブ油大さじ1（分量外）を表面にかけ、
　200℃のオーブンで約20分焼く。紙袋などに
　入れて冷めるまで蒸らす。冷めたら皮をむき
　（a）、種を取ってハンドブレンダーで撹拌する。

2. 1の出た果汁も一緒にはかり、トータルで
　350mℓにする。足りない分はトマトジュース
　で調整する。

3. 鍋に2を入れて火にかける。温まったら塩を
　加え、ふやかしたAのゼラチンを加えて溶か
　す（b）。ボウルに移し、底を氷水に当ててとろ
　みがつくまで冷やす。

4. 鍋に生クリームを入れて1分ほど温め、ふや
　かしたBのゼラチンを加えて溶かす。サワー
　クリームを加えてしっかり混ぜる。3にポトン、
　ポトンと数か所落とし（c）、マーブル模様を作る。

5. 4をそのままゆっくり型に流し入れ（d）、冷蔵
　庫で3時間以上冷やす。

a　　b　　c　　d

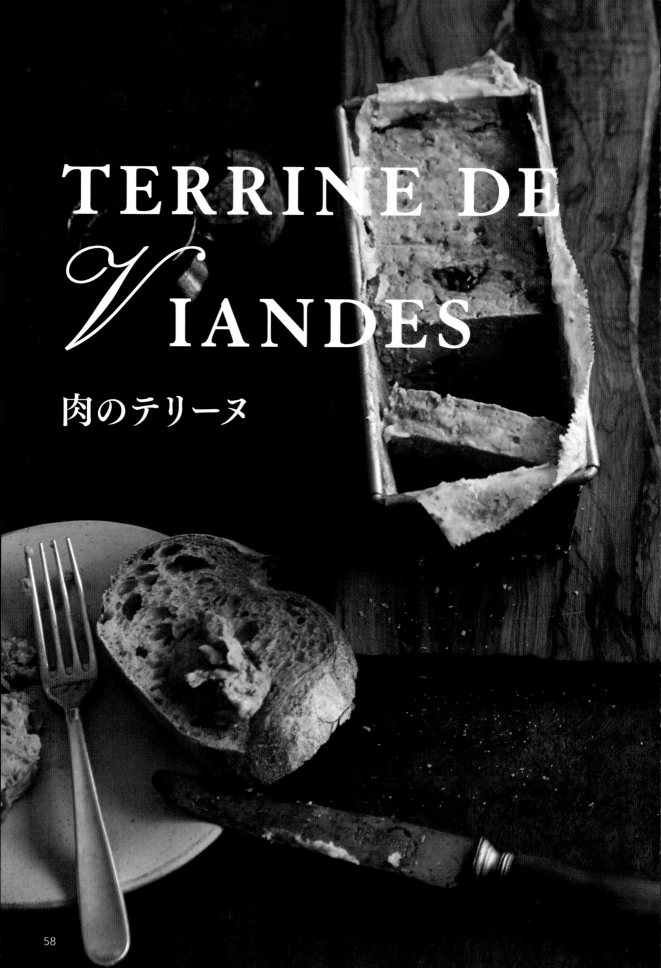

TERRINE DE VIANDES

肉のテリーヌ

テリーヌ・ド・カンパーニュ

Terrine de campagne

テリーヌの定番といえば、肉のうまみが
ギュッと凝縮されたこのテリーヌ。
テーブルの主役を飾る存在感ですが、材料さえ準備できれば
作り方はいたってシンプル。1切れでもボリューム満点。
バゲットやマスタード、ピクルスを添えてどうぞ。

テリーヌ・ド・カンパーニュ

Terrine de campagne

■■▦ 保存：冷蔵で1週間

材料 （18×7×高さ6.5cmのパウンド型1台分）

豚ひき肉　300g

鶏レバー　100g

豚バラ肉　80g

プルーン（種なし、3〜4等分に切る）　30g
　　⇒代わりに干しいちじくでも。

塩　大さじ½（7g）

こしょう、ナツメグ　各少々

A｜牛乳　50mℓ
　｜パン粉　20g
　｜卵　1個
　｜ブランデー　大さじ1½

玉ねぎ（みじん切り）　20g

マッシュルーム（みじん切り）　30g

バター　10g

下準備

・型にオーブンシートを敷く。（p.10-A 参照）

・パウンド型に水を入れてもれるようなら、型の底
　をアルミホイルでおおう。

・オーブンは170℃に予熱する。

作り方

1. 鶏レバーは水に30分ほどつけて血抜きをし、余分な脂肪や筋などを取って、ハンドブレンダーでピューレ状にする。豚バラ肉は粗みじん切りにする。

2. フライパンにバターを熱し、玉ねぎとマッシュルーム、塩ひとつまみ（分量外）を入れ、中火でしんなりするまで炒める(a)。バットに広げて冷ましておく。

3. ボウルに1と豚ひき肉、塩、こしょう、ナツメグを加えて手で練る(b)。続いてAとプルーンを加えて(c)粘り気が出るまで練り、2を加えてさらに混ぜる(d)。

4. 準備した型に3の生地をハンバーグを作る要領で、空気が入らないように少しずつ手で押しつけるようにして詰める(e)。オーブンシートをのせて表面を平らにならす(f)。

5. 170℃のオーブンで約60分、湯せん焼きにする(p.10 参照)。生地の中心に金串を刺して、焼き上がりを確認する(p.11 参照)。

6. 粗熱が取れたら、重しをし(p.11 参照)、中心まで冷めたらラップをかぶせて冷蔵庫で一晩冷やす。翌日以降が食べ頃。

a

b

c

d

e

f

Memo

暑い季節に肉を練る場合は、ボウルの底を氷水に当てて
脂肪が溶けないようにすると、口溶けがよい。
このテリーヌは冷凍も可能。
カットしてラップ、アルミホイルで包んで冷凍を。

ハムとりんごのテリーヌ

Terrine de jambons aux pommes

なめらかな口溶けの生地に入れた、りんごとカットしたハムの食感がアクセント。
素材の味がダイレクトに出るので、ブロックのおいしいハムを使ってください。
風味豊かで食べごたえのある、前菜向きテリーヌです。

■ 🏛 🏛　保存：冷蔵で1週間

材料 （約17×8×高さ6cmのパウンド型1台分）

[生地]

ハム（脂肪の少ないもの）　150g

牛乳　50mℓ

生クリーム　200mℓ

｜ 粉ゼラチン　大さじ1
｜ 水　50mℓ

[具]

ハム（脂肪の少ないもの）　50g

りんご（できれば紅玉）　½個

A｜ 白ワイン　100mℓ
　｜ 水　200mℓ
　｜ 砂糖　大さじ1
　｜ はちみつ　小さじ1

下準備

・粉ゼラチンは分量の水にふり入れてふやかす。
・型にオーブンシートを敷く。（p.10-B参照）

作り方

1. 具のハムは1cm角の棒状に切る。りんごは皮つきのまま芯を取り、8つ切りにする。小鍋にAを入れて煮立て、りんごを加えて10分ほど落としぶたをして煮る。そのまま鍋の中で冷まして（a）水気を拭く。

2. 生地のハムは2cmの角切りにし、牛乳で1～2分煮（b）、ハンドブレンダーにかける。液が温かいうちにふやかしたゼラチンを加えて溶かす。塩少々（分量外）を加えて味をととのえる。

3. 2のボウルの底を氷水に当ててゴムべらで混ぜる。少しとろみがついたら、九分立てにした生クリームを加えてさっくりと混ぜる（c）。

4. 型に3の生地の半量を入れ、1のハムとりんごを交互に並べる（d）。残りの生地を入れて表面を平らにならす。型を台に打ちつけて空気を抜き（p.10参照）、オーブンシートを折り返して表面をおおう。ラップをかけて冷蔵庫で2時間以上、冷やして固める。

a　　　b　　　c　　　d

鶏肉の中華風テリーヌ

Terrine chinois de poulet en gelée

中華風にマリネしたたっぷりの鶏肉に、食感が楽しい長いもを合わせた冷製テリーヌ。
鶏肉のゼラチン質のおかげで、粉ゼラチンが控えめでも固まり、形くずれしにくいのも魅力。
薄切りのきゅうりで包むと、見た目もいっそうさわやかで、食欲をそそります。

材料（約17×8×高さ6cmのパウンド型1台分）

鶏肉（もも肉や胸肉を合わせて）　450g

A｜紹興酒　50mℓ
　｜水　150mℓ
　｜塩　小さじ1

きゅうり　2本

長いも　100g

ごま油　小さじ1

しょうゆ、酢（あれば黒酢）　各小さじ1/2

｜粉ゼラチン　5g
｜水　大さじ1 1/2

しょうが、ねぎの青い部分　各適量

香菜、白髪ねぎ　各適量

下準備

・粉ゼラチンは分量の水にふり入れてふやかす。

作り方

1. 鶏肉は5〜6cm角に切り、ところどころにフォークを刺して穴をあける。**A**を混ぜたバットに入れ、ぴったりとラップをして1時間以上、下味をつける。

2. きゅうりはピーラーで縦に薄くむき、塩少々（分量外）をふる。しんなりしたら水気をペーパータオルで拭く。写真のように型にきゅうりを両側から1枚ずつ、側面からはみ出るようにして並べていく（**a**）。

3. 長いもは皮をむき、1.5cm角、10cm長さの棒状に切る。フライパンにごま油を熱し、さっと焼いて塩少々（分量外）をして、粗熱を取る。

4. 鍋に液体ごと**1**を入れ、水200mℓ（分量外）としょうが、ねぎの青い部分を加えて中火にかける。落としぶたをして沸騰したら弱火で1分30秒ほど加熱し、そのまま冷ます（**b**）。冷めたら鶏肉を取り出す。

5. **4**の煮汁をこして180mℓを取り分ける。鍋に入れて温め、しょうゆ、酢、ふやかしたゼラチン加えて溶かす。ボウルに入れ、底を氷水に当ててとろみがつくまで混ぜて冷ます。

6. **2**の型に**3**の長いもと**4**の鶏肉をランダムに並べ入れ、**5**を流し入れる（**c**）。きゅうりを両側から折り返して重ねる（**d**）。オーブンシートをのせて重しをし（p.11参照）、冷蔵庫で3時間以上冷やし固める。

7. 型から出して器に盛り、上に白髪ねぎと香菜を混ぜたものを飾る。

Memo

しょうゆ、酢、ラー油を同割りで混ぜたたれを
添えてもおいしい。

a　b　c　d

TERRINE DE FRUITS DE MER

魚介のテリーヌ

サーモンと
アスパラガスのテリーヌ

Terrine d'asperges aux deux saumons

ベースのサーモンの淡いピンクの生地に
アスパラとカットしたサーモンをはさんで、
食感と表情に変化をつけた上品なテリーヌです。
サーモンと相性のよいディルも欠かせません。

帆立と
きのこのテリーヌ

Terrine de Saint-Jacques aux champignons

帆立のうまみをそのままに、
白身魚で食感を出し、きのこの香りとコクを、
ホールと刻みの2つの形で詰め込みました。
洗練されたおいしさが口の中で広がるテリーヌです。

サーモンと
アスパラガスのテリーヌ

Terrine d'asperges aux deux saumons

■■■ 保存：冷蔵で3日

材料 （18×7×高さ6.5cmのパウンド型1台分）

生ざけ（皮と骨を除く）　300g

A｜塩　ひとつまみ
　｜白ワイン　小さじ1

スモークサーモン　50g

塩　小さじ1/3

卵白　1個分

生クリーム　200mℓ

グリーンアスパラガス　1束（5〜6本）

ディル、ピンクペッパー　各適量

下準備

・型にオーブンシートを敷く。（p.10-A参照）
・パウンド型に水を入れてもれるようなら、型の底をアルミホイルでおおう。
・オーブンは170℃に予熱する。

作り方

1. さけは具材用として120g分を取り分け、1.5cm厚さ、6cm幅のそぎ切りにしてAをふる。残りの生地用のさけは一口大に切る。

2. アスパラガスは根元を切り、かために塩ゆでして、ペーパータオルで水気を拭く。

3. ボウルに生地用のさけ、スモークサーモン、塩、卵白、生クリームの半量を入れ、ハンドブレンダーにかけて（a）ペースト状にする。残りの生クリームを加えて、ゴムべらで混ぜる。

4. 型に3の生地の半量を入れ（b）、2のアスパラガスを等間隔に並べる。上に1の具材用のさけを水気を拭いてのせる（c）。ディルを散らし、残りの3の生地を入れる。ゴムべらで表面を平らにならし、ディルとピンクペッパーを飾る。

5. 170℃のオーブンで20分、途中アルミホイルをかぶせてさらに15分湯せん焼きにする（p.10参照）。生地に金串を刺して焼き上がりを確認する（p.11参照）。

6. 粗熱が取れたら、重しをする（p.11参照）。中心まで冷めたらラップをかぶせて冷蔵庫で一晩冷やす。

a　b　c

帆立ときのこの テリーヌ

Terrine de Saint Jacques aux champignons

■■■ 保存：冷蔵で3日

材料（約17×8×高さ6cmのパウンド型1台分）

帆立貝柱　200g

白身魚（鯛やたらなど、皮と骨を除く）
　200g

マッシュルーム　200g

バター（有塩）　大さじ2

にんにく（みじん切り）　1/2かけ分

薄力粉　10g

生クリーム　150mℓ

A｜塩　小さじ1/2
　｜こしょう　少々
　｜白ワイン　大さじ1
　｜卵白　1個分

下準備

・帆立貝柱は触ってかたい部分を手で取り除く。
・型にオーブンシートを敷く。（p.10-A参照）
・オーブンは170℃に予熱する。

作り方

1. マッシュルームは半量を粗みじん切りにする。

2. フライパンに半量のバターを熱し、にんにくを炒めて香りを出し、ホールのマッシュルームを加えて炒め、取り出して粗熱を取る。同じフライパンに残りのバターを熱し、1を加えて炒め、薄力粉をふってさらに炒める。生クリームを50mℓ加え、さっと混ぜてペースト状になったら火を止める（d）。

3. ボウルに帆立貝柱と白身魚を入れ、Aを加えてハンドブレンダーでなめらかなペースト状になるまで混ぜる（e）。残りの生クリームと2の刻んで炒めたマッシュルームを加えて、しっかり混ぜる。

4. 型に3の1/2量の生地を入れる。炒めたホールのマッシュルームの水気をきって薄力粉小さじ1（分量外）をまぶし、ランダムに並べる。残りの生地を入れて（f）表面を平らにならす。

5. 170℃のオーブンで35〜40分、湯せん焼きにする（p.10参照）。生地に金串を刺して焼き上がりを確認する（p.11参照）。

6. 粗熱が取れたら、重しをする（p.11参照）。中心まで冷めたらラップをかぶせて冷蔵庫で一晩冷やす。

d　e　f

えびとグレープフルーツのテリーヌ

Terrine d'avocats et crevettes en gelée de pamplemousse

えびに相性のよいアボカドとグレープフルーツを合わせ、コンソメ液で固めました。
色鮮やかなビジュアル系の断面にわっと歓声が上がること、間違いなし。
コンソメスープは少し塩味を強めにするのが、おいしく仕上げるコツ。

■▦▦ 保存：冷蔵で4〜5日

材料 （約17×8×高さ6cmのパウンド型1台分）

えび　160g（正味）
アボカド　1個
グレープフルーツ　1個
コンソメスープ　300mℓ
塩　少々
　粉ゼラチン　10g
　水　50mℓ
セルフィーユ、ディル　各適量

下準備

・粉ゼラチンは分量の水にふり入れてふやかす。
・グレープフルーツは上下を切り落とし、皮を薄皮ごと厚めにむく。房の薄皮と果肉の間に包丁を入れ、ひと房ずつ果肉を取り出す。
・型にオーブンシートを敷く。（p.10-B参照）

作り方

1. えびは殻と背わたを取り、塩ゆでにして水気を拭く。アボカドは縦半分に割って種を除いて皮をむき、10等分のくし形切りにする（a）。

2. 鍋にコンソメスープを温め、ふやかしたゼラチンを加えて溶かす。塩を少し加えて、やや濃いめの味つけにする。鍋の底を氷水に当てて、混ぜながらとろみをつける（b）。ここから大さじ2杯分を取り分ける。

3. 型に2のコンソメゼリーを表面全体に行き渡らせるよう、少量流す。固まったらえび、グレープフルーツ、アボカドを順に重ね入れ、そのつど隙間にコンソメゼリーを流す（c）。ところどころにハーブを散らす。

4. 表面にオーブンシートをかぶせ、軽めの重しをする。冷蔵庫に入れて固まったら、2で取り分けたコンソメゼリーをのばして表面をなめらかにする（d）。再び冷蔵庫で3時間以上固める。

a　b　c　d

若山曜子（わかやま・ようこ）

料理・菓子研究家。東京外国語大学フランス語学科卒業後、パリへ留学。ル・コルドン・ブルー パリ、エコール・フェランディを経て、フランス国家調理師資格（CAP）を取得、パリのパティスリーやレストランで経験を積む。帰国後は雑誌や書籍のほか、企業のレシピ開発、お菓子・料理教室の主宰など幅広く活躍中。おいしさと作りやすさを追求したレシピに定評がある。頻繁に訪れる台湾や香港の料理、お菓子にも造詣が深い。『レトロスイーツ』、『おいしい理由がつまってる わたしの好きな10のお菓子』（ともに文化出版局）、『台湾スイーツレシピブック』（立東舎）など著書も多数。

もてなし、持ちよりに

パウンド型で作るテリーヌ

2020年3月16日　第1刷発行
2021年3月15日　第3刷発行

著　者　若山曜子
発行者　濱田勝宏
発行所　学校法人文化学園 文化出版局
　　　　〒151-8524　東京都渋谷区代々木3-22-1
　　　　電話　03-3299-2565（編集）
　　　　　　　03-3299-2540（営業）
印刷所　凸版印刷株式会社
製本所　大口製本印刷株式会社

文化出版局のホームページ
http://books.bunka.ac.jp/

［協力］
TOMIZ（富澤商店）
オンラインショップ https://tomiz.com/
電話042-776-6488

［STAFF］
ブックデザイン　福間優子
撮影　木村 拓（東京料理写真）
スタイリング　佐々木カナコ
調理アシスタント　尾崎史江　櫻庭奈穂子
　　　　　　　　　寺脇茉林　細井美波
フランス語監修　Ayusa Gravier
校閲　山脇節子
編集　内山美恵子
　　　浅井香織（文化出版局）